50 Indian Cooking Unfolded Recipes

By: Kelly Johnson

Table of Contents

- Butter Chicken
- Palak Paneer (Spinach and Paneer)
- Chole (Chickpea Curry)
- Biryani
- Aloo Gobi (Potato and Cauliflower Curry)
- Masoor Dal (Red Lentil Curry)
- Rogan Josh
- Tandoori Chicken
- Samosa
- Dal Makhani
- Malai Kofta
- Paneer Tikka
- Chicken Tikka Masala
- Pani Puri
- Pulao (Rice Pilaf)
- Baingan Bharta (Smoked Eggplant Curry)
- Kadhai Paneer
- Dosa
- Vada Pav
- Aloo Paratha
- Korma
- Gobi Manchurian
- Methi Thepla (Fenugreek Flatbread)
- Bhindi Masala (Okra Stir-fry)
- Lassi (Sweet or Salted Yogurt Drink)
- Malai Methi (Creamed Fenugreek)
- Chana Masala
- Prawn Curry
- Makki di Roti (Corn Flatbread)
- Sambar (Lentil Stew)
- Dhokla (Steamed Cake)
- Pesarattu (Green Gram Pancake)
- Keema Mutton
- Baati (Wheat Flour Dumplings)
- Kheema Pav (Minced Meat with Bread)

- Gajar ka Halwa (Carrot Pudding)
- Rasgulla (Sweet Cheese Balls)
- Methi Paratha (Fenugreek Flatbread)
- Shahi Paneer
- Prawn Masala
- Tandoori Roti
- Bhel Puri
- Pakora (Fried Snacks)
- Kachori
- Goan Fish Curry
- Lamb Vindaloo
- Mutton Saagwala (Lamb in Spinach Sauce)
- Pulao with Raita
- Lassi (Mango Yogurt Drink)
- Khichdi (Rice and Lentil Stew)

Butter Chicken

Ingredients:

- **Chicken thighs** or **breasts** (cut into pieces)
- **Butter**
- **Onion** (chopped)
- **Garlic** (minced)
- **Ginger** (minced)
- **Tomatoes** (pureed)
- **Cream**
- **Garam masala**
- **Cumin**
- **Paprika**
- **Coriander powder**
- **Kasuri methi** (dried fenugreek leaves)
- **Cilantro** (for garnish)
- **Salt** and **pepper**

Instructions:

1. **Cook the Chicken:**
    - Marinate the chicken in yogurt, ginger, garlic, and spices (cumin, paprika, and coriander powder) for 30 minutes to an hour.
2. **Sauté the Aromatics:**
    - In a large pan, melt butter and sauté onions, garlic, and ginger until soft and fragrant.
3. **Add the Chicken:**
    - Add the marinated chicken and cook until browned on all sides.
4. **Make the Sauce:**
    - Stir in the pureed tomatoes, garam masala, kasuri methi, and salt. Let it simmer for 10 minutes.
5. **Finish with Cream:**
    - Add cream and stir. Let it simmer until the sauce thickens and the chicken is cooked through.
6. **Serve:**
    - Garnish with cilantro and serve with naan or rice.

Palak Paneer (Spinach and Paneer)

Ingredients:

- **Paneer** (cubed)
- **Spinach** (fresh or frozen)
- **Onion** (chopped)
- **Garlic** (minced)
- **Ginger** (minced)
- **Tomato puree**
- **Cumin seeds**
- **Garam masala**
- **Turmeric powder**
- **Chili powder**
- **Heavy cream**
- **Salt** and **pepper**

Instructions:

1. **Prepare the Spinach:**
   - Blanch the spinach in hot water for a few minutes, then blend it into a smooth puree.
2. **Sauté the Aromatics:**
   - In a pan, heat oil and sauté cumin seeds, onions, garlic, and ginger until fragrant.
3. **Add Spices:**
   - Stir in turmeric powder, chili powder, and garam masala. Add tomato puree and cook for a few minutes.
4. **Combine Spinach and Paneer:**
   - Add the spinach puree to the pan and mix well. Cook for 5 minutes before adding the paneer cubes.
5. **Finish with Cream:**
   - Stir in heavy cream and cook for another 5 minutes.
6. **Serve:**
   - Serve hot with naan or rice.

Chole (Chickpea Curry)

Ingredients:

- **Chickpeas** (canned or soaked overnight)
- **Onion** (chopped)
- **Tomatoes** (pureed)
- **Garlic** (minced)
- **Ginger** (minced)
- **Chili powder**
- **Cumin powder**
- **Coriander powder**
- **Garam masala**
- **Bay leaves**
- **Hing** (asafoetida, optional)
- **Cilantro** (for garnish)
- **Salt** and **pepper**

Instructions:

1. **Sauté Aromatics:**
   - In a pot, heat oil and sauté onions, garlic, and ginger until golden brown.
2. **Add Spices:**
   - Stir in chili powder, cumin powder, coriander powder, garam masala, and bay leaves.
3. **Cook Tomatoes:**
   - Add pureed tomatoes and cook until the oil separates from the masala.
4. **Add Chickpeas:**
   - Add soaked or canned chickpeas along with some water and salt. Cook for 15-20 minutes.
5. **Finish with Garnish:**
   - Garnish with fresh cilantro and serve with rice or naan.

Biryani

Ingredients:

- **Basmati rice**
- **Chicken**, **lamb**, or **vegetables**
- **Yogurt**
- **Onion** (sliced)
- **Garlic** (minced)
- **Ginger** (minced)
- **Garam masala**
- **Cinnamon stick**, **cardamom**, **cloves**
- **Turmeric powder**
- **Chili powder**
- **Saffron strands** (soaked in warm milk)
- **Mint leaves** (chopped)
- **Cilantro** (chopped)
- **Oil** and **ghee**

Instructions:

1. **Prepare the Rice:**
   - Wash and soak basmati rice for 30 minutes. Cook it with whole spices (cinnamon, cardamom, cloves) until 70% done. Drain.
2. **Marinate the Meat:**
   - Marinate the meat with yogurt, ginger, garlic, spices, and salt. Let it sit for at least 1 hour.
3. **Fry the Onions:**
   - In a pan, heat oil and fry sliced onions until golden brown. Set aside.
4. **Layer the Biryani:**
   - In a pot, layer the rice, marinated meat, fried onions, mint, and cilantro. Drizzle saffron milk over the top.
5. **Cook the Biryani:**
   - Cook on low heat for 20-25 minutes, allowing the flavors to meld together.
6. **Serve:**
   - Serve with raita or a salad.

Aloo Gobi (Potato and Cauliflower Curry)

Ingredients:

- **Potatoes** (peeled and cubed)
- **Cauliflower** (cut into florets)
- **Onion** (chopped)
- **Tomatoes** (chopped)
- **Garlic** (minced)
- **Ginger** (minced)
- **Turmeric powder**
- **Cumin seeds**
- **Coriander powder**
- **Chili powder**
- **Garam masala**
- **Cilantro** (for garnish)
- **Salt** and **pepper**

Instructions:

1. **Sauté the Aromatics:**
   - Heat oil in a pan and sauté cumin seeds, garlic, ginger, and onions until golden brown.
2. **Add Spices:**
   - Add turmeric powder, coriander powder, and chili powder. Stir to combine.
3. **Cook the Vegetables:**
   - Add potatoes and cauliflower, mix well with the spices, and cook for a few minutes.
4. **Add Tomatoes:**
   - Add chopped tomatoes and cook until the vegetables are tender and cooked through.
5. **Serve:**
   - Garnish with fresh cilantro and serve with roti or rice.

Masoor Dal (Red Lentil Curry)

Ingredients:

- **Red lentils**
- **Onion** (chopped)
- **Tomatoes** (chopped)
- **Garlic** (minced)
- **Ginger** (minced)
- **Turmeric powder**
- **Cumin seeds**
- **Coriander powder**
- **Chili powder**
- **Garam masala**
- **Cilantro** (for garnish)
- **Salt** and **pepper**

Instructions:

1. **Cook the Lentils:**
   - Rinse the red lentils and cook them with water and turmeric powder until soft.
2. **Sauté the Aromatics:**
   - In a pan, heat oil and sauté cumin seeds, garlic, ginger, and onions until golden brown.
3. **Add Spices and Tomatoes:**
   - Stir in coriander powder, chili powder, garam masala, and chopped tomatoes. Cook for a few minutes.
4. **Combine:**
   - Add the cooked lentils to the pan and simmer for 10-15 minutes. Adjust consistency with water.
5. **Serve:**
   - Garnish with cilantro and serve with rice.

Rogan Josh

Ingredients:

- **Lamb** (or goat meat, cut into pieces)
- **Onion** (chopped)
- **Garlic** (minced)
- **Ginger** (minced)
- **Yogurt**
- **Tomatoes** (pureed)
- **Rogan josh masala** (or use garam masala, paprika, and other spices)
- **Cumin powder**
- **Chili powder**
- **Coriander powder**
- **Salt** and **pepper**

Instructions:

1. **Brown the Meat:**
   - Heat oil in a pot and brown the lamb on all sides. Set aside.
2. **Sauté Aromatics:**
   - In the same pot, sauté onions, garlic, and ginger until soft.
3. **Add Spices:**
   - Stir in rogan josh masala, cumin powder, chili powder, and coriander powder. Cook for a minute.
4. **Add Yogurt and Tomatoes:**
   - Add yogurt and pureed tomatoes to the pan, cooking until the oil separates.
5. **Simmer:**
   - Add the browned meat back into the pot and simmer for 1-2 hours until tender.
6. **Serve:**
   - Serve with naan or rice.

Tandoori Chicken

Ingredients:

- **Chicken pieces** (legs, thighs, or breast)
- **Yogurt**
- **Tandoori masala**
- **Garlic** (minced)
- **Ginger** (minced)
- **Lemon juice**
- **Turmeric powder**
- **Cumin powder**
- **Chili powder**
- **Coriander powder**
- **Salt** and **pepper**

Instructions:

1. **Marinate the Chicken:**
   - Mix yogurt, tandoori masala, garlic, ginger, lemon juice, turmeric, cumin, chili powder, coriander powder, salt, and pepper.
   - Coat the chicken in the marinade and refrigerate for at least 4 hours or overnight.
2. **Cook the Chicken:**
   - Preheat the oven to 400°F (200°C) and cook the chicken for 30-35 minutes, basting with the marinade occasionally.
3. **Serve:**
   - Serve hot with naan and a side salad.

Samosa

Ingredients:

- **Potatoes** (boiled and mashed)
- **Peas** (cooked)
- **Onion** (chopped)
- **Garlic** (minced)
- **Ginger** (minced)
- **Cumin seeds**
- **Coriander powder**
- **Chili powder**
- **Cumin powder**
- **Garam masala**
- **Cilantro** (for garnish)
- **Salt** and **pepper**
- **Samosa wrappers** (or phyllo dough)

Instructions:

1. **Prepare the Filling:**
   - In a pan, heat oil and sauté cumin seeds, garlic, ginger, and onions until soft.
   - Add mashed potatoes, peas, coriander powder, chili powder, cumin powder, and garam masala. Stir and cook for a few minutes.
2. **Shape the Samosas:**
   - Fill samosa wrappers with the mixture and fold into triangles. Seal the edges with water.
3. **Fry the Samosas:**
   - Heat oil in a pan and fry the samosas until golden brown and crispy.
4. **Serve:**
   - Serve with chutney.

Dal Makhani

Ingredients:

- **Whole urad dal (black lentils)**
- **Rajma (red kidney beans)**
- **Onion** (chopped)
- **Tomatoes** (pureed)
- **Garlic** (minced)
- **Ginger** (minced)
- **Garam masala**
- **Cumin powder**
- **Chili powder**
- **Heavy cream**
- **Butter**
- **Salt** and **pepper**

Instructions:

1. **Cook the Lentils:**
   - Soak urad dal and rajma overnight and cook in a pressure cooker until soft.
2. **Sauté Aromatics:**
   - In a pan, heat butter and sauté onions, garlic, and ginger until soft.
3. **Add Spices and Tomatoes:**
   - Stir in garam masala, cumin powder, chili powder, and pureed tomatoes. Cook until the oil separates.
4. **Combine and Simmer:**
   - Add the cooked lentils and rajma to the pan. Simmer for 20-30 minutes, stirring occasionally.
5. **Finish with Cream:**
   - Stir in heavy cream and cook for another 10 minutes.
6. **Serve:**
   - Serve with naan or rice.

Malai Kofta

Ingredients:

- **Paneer** (grated)
- **Boiled potatoes** (mashed)
- **Cornflour** (for binding)
- **Cashews** and **raisins** (for stuffing)
- **Onion** (chopped)
- **Garlic** (minced)
- **Ginger** (minced)
- **Tomato puree**
- **Cream**
- **Cumin powder**
- **Coriander powder**
- **Garam masala**
- **Chili powder**
- **Kasuri methi** (dried fenugreek leaves)
- **Salt** and **pepper**
- **Oil** for frying

Instructions:

1. **Prepare the Kofta:**
   - Mix grated paneer, mashed potatoes, cornflour, salt, and pepper into a dough-like consistency.
   - Stuff with cashews and raisins, shape into small balls, and deep-fry until golden brown.
2. **Make the Gravy:**
   - Sauté onions, garlic, and ginger in oil until golden brown.
   - Add tomato puree, cumin powder, coriander powder, chili powder, and garam masala. Cook until oil separates from the masala.
3. **Combine:**
   - Add water to adjust the consistency of the gravy. Bring to a simmer and add the fried koftas.
4. **Finish with Cream:**
   - Stir in cream and cook for a few minutes.
5. **Serve:**
   - Serve hot with naan or rice.

Paneer Tikka

Ingredients:

- **Paneer** (cubed)
- **Yogurt**
- **Ginger-garlic paste**
- **Lemon juice**
- **Garam masala**
- **Turmeric powder**
- **Chili powder**
- **Cumin powder**
- **Coriander powder**
- **Kasuri methi** (dried fenugreek leaves)
- **Salt** and **pepper**
- **Oil** (for grilling)

Instructions:

1. **Marinate the Paneer:**
   - Mix yogurt, ginger-garlic paste, lemon juice, spices, and salt to make a marinade.
   - Coat the paneer cubes and marinate for 30 minutes to an hour.
2. **Grill the Paneer:**
   - Grill the marinated paneer on a preheated grill or in an oven until golden and slightly charred.
3. **Serve:**
   - Serve hot with green chutney and onion salad.

Chicken Tikka Masala

Ingredients:

- **Chicken pieces** (boneless, cut into chunks)
- **Yogurt**
- **Ginger-garlic paste**
- **Onion** (chopped)
- **Tomato puree**
- **Cream**
- **Garam masala**
- **Chili powder**
- **Cumin powder**
- **Coriander powder**
- **Kasuri methi** (dried fenugreek leaves)
- **Cilantro** (for garnish)
- **Salt** and **pepper**

Instructions:

1. **Marinate the Chicken:**
   - Marinate chicken in yogurt, ginger-garlic paste, and spices for at least 30 minutes.
2. **Cook the Chicken:**
   - Grill or pan-fry the marinated chicken until cooked through.
3. **Make the Gravy:**
   - In a pan, sauté onions, garlic, and ginger until golden. Add tomato puree and cook for a few minutes.
   - Add spices, cook, then add cream and simmer.
4. **Combine:**
   - Add the cooked chicken to the gravy and simmer for 10-15 minutes.
5. **Serve:**
   - Garnish with cilantro and serve with naan or rice.

Pani Puri

Ingredients:

- **Puri shells** (hollow fried crisp shells)
- **Boiled potatoes** (mashed)
- **Boiled chickpeas**
- **Tamarind chutney**
- **Cumin powder**
- **Chili powder**
- **Coriander powder**
- **Salt**
- **Pani (spicy water):**
    - Water, mint, coriander, ginger, cumin powder, and tamarind juice, blended together.

Instructions:

1. **Prepare the Filling:**
    - Mix mashed potatoes and chickpeas with spices and tamarind chutney.
2. **Prepare the Pani:**
    - Blend mint, coriander, ginger, and spices to make a spicy, tangy water.
3. **Assemble:**
    - Poke a hole in the puri shells, stuff with the potato-chickpea filling, and dip in the pani.
4. **Serve:**
    - Serve immediately for a fresh burst of flavors!

Pulao (Rice Pilaf)

Ingredients:

- **Basmati rice**
- **Vegetables** (carrots, peas, beans)
- **Onion** (chopped)
- **Ginger-garlic paste**
- **Cumin seeds**
- **Cloves, cardamom, bay leaves**
- **Cinnamon stick**
- **Garam masala**
- **Salt** and **pepper**
- **Cilantro** (for garnish)

Instructions:

1. **Cook the Rice:**
   - Wash and soak basmati rice for 30 minutes.
2. **Sauté Aromatics:**
   - Heat oil, sauté cumin seeds, cloves, cardamom, bay leaves, and cinnamon stick.
   - Add onions and ginger-garlic paste, cook until soft.
3. **Add Vegetables:**
   - Add mixed vegetables and cook for a few minutes.
4. **Cook the Rice:**
   - Add the soaked rice, water, and garam masala. Cook until the rice is fluffy and cooked through.
5. **Serve:**
   - Garnish with cilantro and serve with curry.

Baingan Bharta (Smoked Eggplant Curry)

Ingredients:

- **Eggplant** (large, preferably with skin)
- **Onion** (chopped)
- **Tomato** (chopped)
- **Garlic** (minced)
- **Ginger** (minced)
- **Cumin seeds**
- **Coriander powder**
- **Chili powder**
- **Cumin powder**
- **Turmeric powder**
- **Cilantro** (for garnish)
- **Salt** and **pepper**

Instructions:

1. **Roast the Eggplant:**
   - Roast the eggplant directly on an open flame or in an oven until the skin is charred and the flesh is soft.
   - Peel the skin and mash the flesh.
2. **Prepare the Curry:**
   - In a pan, heat oil, sauté cumin seeds, garlic, ginger, and onions.
   - Add tomatoes, spices, and cook until the oil separates.
3. **Combine:**
   - Add the mashed eggplant to the pan and mix well. Cook for 5-10 minutes.
4. **Serve:**
   - Garnish with cilantro and serve with roti or rice.

Kadhai Paneer

Ingredients:

- **Paneer** (cubed)
- **Onion** (chopped)
- **Tomato puree**
- **Bell peppers** (sliced)
- **Ginger-garlic paste**
- **Cumin seeds**
- **Coriander powder**
- **Chili powder**
- **Garam masala**
- **Kasuri methi** (dried fenugreek leaves)
- **Cilantro** (for garnish)

Instructions:

1. **Prepare the Curry:**
   - In a kadhai (wok), heat oil, sauté cumin seeds, ginger-garlic paste, and onions until golden.
   - Add tomatoes, bell peppers, and spices, cooking until soft.
2. **Add Paneer:**
   - Add paneer cubes and cook for 5-10 minutes.
3. **Finish:**
   - Stir in kasuri methi and garnish with cilantro.
4. **Serve:**
   - Serve hot with naan or rice.

Dosa

Ingredients:

- **Rice** (soaked)
- **Urad dal (split black gram)** (soaked)
- **Fenugreek seeds** (optional)
- **Salt** (to taste)
- **Oil** (for cooking)

Instructions:

1. **Prepare the Batter:**
    - Soak rice, urad dal, and fenugreek seeds overnight. Grind to a smooth batter, then ferment for 8-10 hours.
2. **Cook the Dosa:**
    - Heat a griddle, spread a thin layer of batter, and cook with a little oil until crispy.
3. **Serve:**
    - Serve with coconut chutney and sambar.

Vada Pav

Ingredients:

- **Potatoes** (boiled and mashed)
- **Onion** (chopped)
- **Green chilies** (chopped)
- **Ginger** (grated)
- **Cumin seeds**
- **Turmeric powder**
- **Coriander powder**
- **Chili powder**
- **Cilantro** (for garnish)
- **Salt**
- **Buns** (for the sandwich)
- **Oil** (for frying)

Instructions:

1. **Prepare the Filling:**
    - Sauté onions, chilies, and spices. Add mashed potatoes and cook together.
2. **Form the Vada:**
    - Shape the potato mixture into balls, dip in batter, and fry until golden brown.
3. **Assemble:**
    - Place the vada in a bun and serve with chutneys.

Aloo Paratha

Ingredients:

- **Whole wheat flour**
- **Boiled potatoes** (mashed)
- **Cumin powder**
- **Coriander powder**
- **Chili powder**
- **Garam masala**
- **Cilantro** (for garnish)
- **Salt** and **pepper**
- **Oil** or **ghee** (for frying)

Instructions:

1. **Prepare the Filling:**
   - Mix mashed potatoes with spices and cilantro.
2. **Make the Dough:**
   - Knead a dough with flour and water.
3. **Assemble the Paratha:**
   - Roll the dough into circles, place the filling, and seal. Roll out into flatbreads.
4. **Cook the Paratha:**
   - Fry in ghee or oil until golden brown and crispy.
5. **Serve:**
   - Serve with yogurt and pickle.

Korma

Ingredients:

- **Meat** (chicken, mutton, or vegetables)
- **Yogurt**
- **Cashew paste**
- **Onion** (fried)
- **Ginger-garlic paste**
- **Cumin seeds**
- **Coriander powder**
- **Chili powder**
- **Garam masala**
- **Cream**
- **Salt** and **pepper**
- **Oil**

Instructions:

1. **Prepare the Gravy:**
   - Heat oil, sauté cumin seeds, ginger-garlic paste, and onions.
   - Add ground cashew paste, yogurt, and spices. Cook until the oil separates.
2. **Add the Meat:**
   - Add meat and cook until tender.
3. **Finish with Cream:**
   - Stir in cream and simmer until thickened.
4. **Serve:**
   - Serve hot with naan or rice.

Gobi Manchurian

Ingredients:

- **Cauliflower florets** (small)
- **Cornflour** (for batter)
- **All-purpose flour**
- **Ginger-garlic paste**
- **Soy sauce**
- **Chili sauce**
- **Tomato ketchup**
- **Green onions** (chopped)
- **Coriander powder**
- **Chili powder**
- **Salt**
- **Oil** (for frying)
- **Coriander leaves** (for garnish)

Instructions:

1. **Prepare the Batter:**
   - Mix cornflour, all-purpose flour, chili powder, salt, and water to make a smooth batter.
2. **Fry the Cauliflower:**
   - Dip cauliflower florets in the batter and deep fry until golden brown and crispy.
3. **Prepare the Sauce:**
   - In a pan, heat oil and sauté ginger-garlic paste. Add soy sauce, chili sauce, tomato ketchup, and spices.
4. **Combine:**
   - Add the fried cauliflower to the sauce and toss well to coat.
5. **Serve:**
   - Garnish with chopped green onions and coriander leaves. Serve hot.

Methi Thepla (Fenugreek Flatbread)

Ingredients:

- **Whole wheat flour**
- **Fresh fenugreek leaves** (chopped)
- **Cumin seeds**
- **Ajwain** (carom seeds)
- **Turmeric powder**
- **Red chili powder**
- **Coriander powder**
- **Salt**
- **Oil or ghee** (for cooking)

Instructions:

1. **Prepare the Dough:**
   - Mix whole wheat flour, fenugreek leaves, and spices. Add water gradually to make a soft dough.
2. **Roll the Theplas:**
   - Divide the dough into balls, roll each into a flat round shape using flour for dusting.
3. **Cook the Thepla:**
   - Heat a griddle, cook the thepla on both sides, applying oil or ghee until golden brown.
4. **Serve:**
   - Serve hot with yogurt, pickle, or curry.

Bhindi Masala (Okra Stir-fry)

Ingredients:

- **Okra** (washed, dried, and cut into pieces)
- **Onion** (chopped)
- **Tomato** (chopped)
- **Ginger-garlic paste**
- **Cumin seeds**
- **Turmeric powder**
- **Red chili powder**
- **Coriander powder**
- **Garam masala**
- **Salt**
- **Oil**

Instructions:

1. **Prepare the Okra:**
   - Heat oil in a pan, add cumin seeds, then add chopped onions and sauté until golden.
2. **Cook the Okra:**
   - Add ginger-garlic paste, tomatoes, and spices. Stir well.
   - Add okra and cook on low heat, stirring occasionally until tender.
3. **Finish:**
   - Garnish with cilantro and serve hot.

Lassi (Sweet or Salted Yogurt Drink)

Ingredients (for Sweet Lassi):

- Yogurt
- Water
- Sugar
- Cardamom powder
- **Rosewater** (optional)
- Ice cubes

Ingredients (for Salted Lassi):

- Yogurt
- Water
- Salt
- Cumin powder
- **Coriander leaves** (for garnish)
- Ice cubes

Instructions:

1. **Sweet Lassi:**
    - Blend yogurt, sugar, and water until smooth. Add cardamom powder and rosewater for flavor.
2. **Salted Lassi:**
    - Blend yogurt, water, salt, and cumin powder. Add ice cubes for a refreshing drink.
3. **Serve:**
    - Pour into glasses and serve chilled.

Malai Methi (Creamed Fenugreek)

Ingredients:

- **Fenugreek leaves** (fresh)
- **Cream**
- **Onion** (chopped)
- **Ginger-garlic paste**
- **Cumin seeds**
- **Turmeric powder**
- **Coriander powder**
- **Garam masala**
- **Salt**
- **Oil**

Instructions:

1. **Cook the Fenugreek Leaves:**
   - In a pan, heat oil, sauté cumin seeds, and ginger-garlic paste.
   - Add onions and cook until golden.
   - Add fenugreek leaves and cook for a few minutes.
2. **Prepare the Cream Sauce:**
   - Add spices and a little water. Stir in cream and cook for a few more minutes.
3. **Serve:**
   - Serve hot with roti or rice.

Chana Masala

Ingredients:

- **Chickpeas** (soaked overnight and cooked)
- **Onion** (chopped)
- **Tomatoes** (chopped)
- **Ginger-garlic paste**
- **Cumin seeds**
- **Coriander powder**
- **Chili powder**
- **Garam masala**
- **Cumin powder**
- **Cilantro** (for garnish)
- **Salt**
- **Oil**

Instructions:

1. **Prepare the Base:**
    - Heat oil, sauté cumin seeds, ginger-garlic paste, and onions until golden.
    - Add tomatoes, coriander powder, chili powder, and cook until soft.
2. **Cook the Chickpeas:**
    - Add cooked chickpeas and water to the pan. Simmer for 10 minutes.
3. **Finish:**
    - Stir in garam masala and garnish with cilantro.
4. **Serve:**
    - Serve hot with rice or bread.

Prawn Curry

Ingredients:

- **Prawns** (cleaned and deveined)
- **Onion** (chopped)
- **Tomato puree**
- **Coconut milk**
- **Ginger-garlic paste**
- **Cumin seeds**
- **Turmeric powder**
- **Coriander powder**
- **Garam masala**
- **Cilantro** (for garnish)
- **Salt**
- **Oil**

Instructions:

1. **Prepare the Curry:**
     - Heat oil, sauté cumin seeds, ginger-garlic paste, and onions until golden.
     - Add tomato puree, spices, and cook until the oil separates from the masala.
2. **Add the Prawns:**
     - Add prawns and cook until they turn pink.
     - Add coconut milk and simmer for a few minutes.
3. **Serve:**
     - Garnish with cilantro and serve with rice.

Makki di Roti (Corn Flatbread)

Ingredients:

- Corn flour
- Whole wheat flour
- Salt
- Water
- Ghee (for cooking)

Instructions:

1. **Prepare the Dough:**
    - Mix corn flour, wheat flour, and salt. Add water gradually to make a smooth dough.
2. **Roll the Roti:**
    - Divide the dough into balls and roll them out into flat rounds using flour for dusting.
3. **Cook the Roti:**
    - Heat a griddle, cook the roti on both sides, applying ghee until golden.
4. **Serve:**
    - Serve hot with makki di roti or any curry.

Sambar (Lentil Stew)

Ingredients:

- Toor dal (pigeon peas)
- Tamarind pulp
- Vegetables (carrot, pumpkin, okra, drumstick)
- Sambar powder
- Mustard seeds
- Curry leaves
- Onion (chopped)
- Tomato (chopped)
- Cumin seeds
- Turmeric powder
- Salt
- Oil

Instructions:

1. **Cook the Dal:**
    - Cook toor dal in a pressure cooker until soft.
2. **Prepare the Sambar:**
    - Heat oil, sauté mustard seeds, cumin seeds, curry leaves, and onions.
    - Add tomatoes, vegetables, and tamarind pulp. Add cooked dal and sambar powder, simmer for 15 minutes.
3. **Serve:**
    - Serve hot with idli, dosa, or rice.

Dhokla (Steamed Cake)

Ingredients:

- **Chickpea flour (besan)**
- **Yogurt**
- **Epsom salt**
- **Ginger-garlic paste**
- **Baking soda**
- **Mustard seeds**
- **Green chilies** (for garnish)
- **Coriander leaves** (for garnish)

Instructions:

1. **Prepare the Batter:**
    - Mix chickpea flour, yogurt, ginger-garlic paste, and a little water to form a smooth batter. Add salt and baking soda, and let it ferment for 1-2 hours.
2. **Steam the Dhokla:**
    - Grease a steaming tray, pour in the batter, and steam for 15-20 minutes.
3. **Prepare the Tempering:**
    - Heat oil, add mustard seeds, green chilies, and pour over the dhokla after steaming.
4. **Serve:**
    - Garnish with coriander leaves and serve hot with chutney.

Pesarattu (Green Gram Pancake)

Ingredients:

- **Green gram (moong dal)** (soaked for 6-8 hours)
- **Green chilies**
- **Ginger**
- **Cumin seeds**
- **Onion** (finely chopped)
- **Coriander leaves** (chopped)
- **Salt**
- **Oil** (for cooking)

Instructions:

1. **Prepare the Batter:**
   - Grind soaked moong dal with green chilies, ginger, and a little water to form a smooth batter.
2. **Cook the Pancake:**
   - Heat a griddle and pour a ladle of batter. Spread into a thin circle.
   - Cook on both sides until golden brown, drizzling oil as needed.
3. **Serve:**
   - Serve hot with chutney or yogurt.

Keema Mutton

Ingredients:

- **Mutton mince**
- **Onion** (chopped)
- **Tomato** (chopped)
- **Ginger-garlic paste**
- **Green chilies**
- **Cumin seeds**
- **Coriander powder**
- **Chili powder**
- **Garam masala**
- **Salt**
- **Cilantro** (for garnish)
- **Oil**

Instructions:

1. **Prepare the Keema:**
    - Heat oil, add cumin seeds, onions, and sauté until golden.
    - Add ginger-garlic paste and green chilies, followed by tomatoes. Cook until tomatoes soften.
2. **Cook the Mutton:**
    - Add mutton mince, spices, and salt. Cook on medium heat until the meat is browned and cooked through.
3. **Finish:**
    - Garnish with cilantro and serve with naan or rice.

Baati (Wheat Flour Dumplings)

Ingredients:

- **Whole wheat flour**
- **Semolina (rava)**
- **Baking soda**
- **Salt**
- **Ghee**
- **Water**

Instructions:

1. **Prepare the Dough:**
   - Mix whole wheat flour, semolina, baking soda, salt, and water to form a dough.
2. **Shape the Baatis:**
   - Divide the dough into small balls and shape into round dumplings.
3. **Bake the Baatis:**
   - Bake in a preheated oven at 180°C (350°F) for 20-25 minutes, or until golden brown.
4. **Serve:**
   - Serve with dal or curry and ghee.

Kheema Pav (Minced Meat with Bread)

Ingredients:

- **Minced meat** (beef, lamb, or chicken)
- **Onion** (chopped)
- **Tomatoes** (chopped)
- **Ginger-garlic paste**
- **Green chilies**
- **Cumin powder**
- **Coriander powder**
- **Chili powder**
- **Pav buns**
- **Cilantro** (for garnish)
- **Oil**

Instructions:

1. **Prepare the Kheema:**
   - Heat oil, sauté onions, ginger-garlic paste, and green chilies.
   - Add tomatoes, cumin powder, coriander powder, chili powder, and cook until the oil separates.
   - Add minced meat and cook until browned and cooked through.
2. **Serve:**
   - Garnish with cilantro and serve hot with pav buns.

Gajar ka Halwa (Carrot Pudding)

Ingredients:

- **Carrots** (grated)
- **Milk**
- **Sugar**
- **Ghee**
- **Cardamom powder**
- **Cashews and almonds** (chopped)

Instructions:

1. **Cook the Carrots:**
   - Heat ghee in a pan, add grated carrots, and cook until softened.
2. **Prepare the Halwa:**
   - Add milk and cook until the milk is absorbed.
   - Add sugar and cook until it thickens.
3. **Finish:**
   - Garnish with chopped nuts and cardamom powder. Serve warm.

Rasgulla (Sweet Cheese Balls)

Ingredients:

- **Paneer** (homemade or store-bought)
- **Sugar**
- **Water**
- **Rosewater** (optional)

Instructions:

1. **Prepare the Rasgulla:**
    - Press paneer to remove excess moisture and form soft dough.
    - Shape the dough into small balls.
2. **Cook in Sugar Syrup:**
    - Boil sugar and water to make syrup. Add rosewater if desired.
    - Gently drop the cheese balls into the boiling syrup and cook until they expand.
3. **Serve:**
    - Let them cool in the syrup and serve chilled.

Methi Paratha (Fenugreek Flatbread)

Ingredients:

- **Whole wheat flour**
- **Fenugreek leaves** (chopped)
- **Cumin seeds**
- **Turmeric powder**
- **Red chili powder**
- **Salt**
- **Oil or ghee** (for cooking)

Instructions:

1. **Prepare the Dough:**
   - Mix whole wheat flour, chopped fenugreek leaves, cumin seeds, spices, and salt. Add water to form a dough.
2. **Roll the Parathas:**
   - Divide the dough into small balls and roll into flat rounds.
3. **Cook the Paratha:**
   - Heat a griddle, cook the paratha on both sides, applying ghee or oil until golden.
4. **Serve:**
   - Serve hot with yogurt or curry.

Shahi Paneer

Ingredients:

- **Paneer** (cubed)
- **Onion** (chopped)
- **Tomatoes** (pureed)
- **Ginger-garlic paste**
- **Cashew paste**
- **Cream**
- **Cumin seeds**
- **Coriander powder**
- **Chili powder**
- **Garam masala**
- **Salt**
- **Oil**

Instructions:

1. **Prepare the Curry:**
   - Heat oil, sauté cumin seeds, onions, and ginger-garlic paste.
   - Add tomato puree, cashew paste, and spices. Cook until the oil separates.
2. **Add Paneer:**
   - Add paneer cubes and cook for a few minutes in the gravy.
3. **Finish:**
   - Add cream and garam masala. Cook for 5 more minutes.
4. **Serve:**
   - Serve with naan or rice.

Prawn Masala

Ingredients:

- **Prawns** (cleaned and deveined)
- **Onion** (chopped)
- **Tomatoes** (chopped)
- **Ginger-garlic paste**
- **Green chilies**
- **Coriander powder**
- **Chili powder**
- **Turmeric powder**
- **Garam masala**
- **Cilantro** (for garnish)
- **Oil**

Instructions:

1. **Prepare the Curry:**
   - Heat oil, sauté onions, ginger-garlic paste, and green chilies.
   - Add tomatoes, coriander powder, chili powder, and cook until the oil separates.
2. **Cook the Prawns:**
   - Add prawns and cook until they turn pink and tender.
3. **Finish:**
   - Garnish with cilantro and serve hot with rice or roti.

Tandoori Roti

Ingredients:

- **Whole wheat flour**
- **Salt**
- **Baking powder**
- **Water**
- **Ghee or butter** (for brushing)

Instructions:

1. **Prepare the Dough:**
   - Mix whole wheat flour, salt, baking powder, and water to form a soft dough.
2. **Roll the Rotis:**
   - Divide the dough into small balls and roll them out into flat circles.
3. **Cook the Roti:**
   - Cook the roti in a tandoor or on a hot griddle. Brush with ghee or butter when done.
4. **Serve:**
   - Serve hot with curry or kebabs.

Bhel Puri

Ingredients:

- **Puffed rice**
- **Sev** (crispy noodle-like snack)
- **Boiled potatoes** (chopped)
- **Onion** (chopped)
- **Tomato** (chopped)
- **Cucumber** (chopped)
- **Coriander leaves** (chopped)
- **Tamarind chutney**
- **Green chutney**
- **Chili powder**
- **Chaat masala**
- **Salt**

Instructions:

1. **Prepare the Bhel:**
   - In a large bowl, mix puffed rice, sev, boiled potatoes, onions, tomatoes, and cucumber.
2. **Add Chutneys:**
   - Add tamarind chutney, green chutney, chili powder, chaat masala, and salt.
3. **Mix:**
   - Toss everything together and garnish with coriander leaves.
4. **Serve:**
   - Serve immediately as a snack or appetizer.

Pakora (Fried Snacks)

Ingredients:

- **Chickpea flour (besan)**
- **Potatoes** (boiled and mashed)
- **Onion** (chopped)
- **Spinach leaves** (chopped)
- **Green chilies** (chopped)
- **Cumin seeds**
- **Coriander powder**
- **Chili powder**
- **Garam masala**
- **Salt**
- **Water**
- **Oil** (for deep frying)

Instructions:

1. **Prepare the Batter:**
   - In a mixing bowl, combine chickpea flour, mashed potatoes, chopped onion, spinach, and spices. Add water to make a thick batter.
2. **Fry the Pakoras:**
   - Heat oil in a deep pan. Take spoonfuls of the batter and carefully drop them into the hot oil.
   - Fry until golden brown and crisp.
3. **Serve:**
   - Drain on paper towels and serve hot with chutney.

Kachori

Ingredients:

- **Whole wheat flour**
- **Semolina (rava)**
- **Cumin seeds**
- **Fennel seeds**
- **Green chilies**
- **Ginger** (grated)
- **Garam masala**
- **Coriander powder**
- **Salt**
- **Oil** (for frying)
- **Filling:**
    - **Moong dal (lentils)** (boiled and mashed)
    - **Cumin powder**
    - **Chili powder**
    - **Salt**

Instructions:

1. **Prepare the Dough:**
    - Mix whole wheat flour, semolina, cumin seeds, fennel seeds, and salt. Add water to make a dough. Rest for 15 minutes.
2. **Prepare the Filling:**
    - Mash the boiled moong dal and mix with cumin powder, chili powder, and salt.
3. **Shape the Kachoris:**
    - Roll the dough into small balls, stuff them with the lentil filling, and seal tightly.
4. **Fry the Kachoris:**
    - Heat oil and deep fry the kachoris until golden brown.
5. **Serve:**
    - Serve hot with tamarind chutney or yogurt.

Goan Fish Curry

Ingredients:

- **Fish** (preferably Kingfish or Pomfret)
- **Onion** (chopped)
- **Tomatoes** (chopped)
- **Coconut milk**
- **Tamarind paste**
- **Curry leaves**
- **Ginger-garlic paste**
- **Green chilies**
- **Coriander powder**
- **Chili powder**
- **Turmeric powder**
- **Salt**
- **Oil**

Instructions:

1. **Prepare the Curry:**

    - Heat oil in a pan, sauté onions, ginger-garlic paste, and green chilies.
    - Add tomatoes, coriander powder, chili powder, turmeric powder, and cook until tomatoes soften.

2. **Add Fish and Coconut Milk:**

    - Add fish pieces and cook briefly. Then, add coconut milk and tamarind paste. Let it simmer for 10-15 minutes.

3. **Serve:**

    - Garnish with curry leaves and serve hot with rice.

Lamb Vindaloo

Ingredients:

- **Lamb** (cubed)
- **Onion** (chopped)
- **Tomato** (chopped)
- **Ginger-garlic paste**
- **Vinegar**
- **Chili powder**
- **Cumin powder**
- **Coriander powder**
- **Mustard seeds**
- **Garam masala**
- **Turmeric powder**
- **Salt**
- **Oil**

Instructions:

1. **Prepare the Vindaloo:**
    - Heat oil in a pan, add mustard seeds, then sauté onions, ginger-garlic paste, and chopped tomatoes.
    - Add vinegar, spices, and salt, and cook for a few minutes.
2. **Cook the Lamb:**
    - Add lamb pieces, sear until browned, then cover and cook on low heat until tender.
3. **Serve:**
    - Garnish with coriander leaves and serve hot with rice or naan.

Mutton Saagwala (Lamb in Spinach Sauce)

Ingredients:

- **Mutton** (cubed)
- **Spinach** (blanched and pureed)
- **Onion** (chopped)
- **Tomato** (chopped)
- **Ginger-garlic paste**
- **Cumin powder**
- **Coriander powder**
- **Garam masala**
- **Chili powder**
- **Turmeric powder**
- **Salt**
- **Oil**

Instructions:

1. **Prepare the Saagwala Sauce:**

    - Heat oil in a pan, sauté onions, ginger-garlic paste, and tomatoes. Add spices and cook until the oil separates.

2. **Cook the Mutton:**

    - Add mutton pieces and brown them. Add spinach puree and cook until the mutton is tender.

3. **Serve:**

    - Garnish with coriander leaves and serve hot with roti or rice.

Pulao with Raita

Ingredients for Pulao:

- **Basmati rice**
- **Onion** (sliced)
- **Cumin seeds**
- **Cardamom pods**
- **Cinnamon stick**
- **Cloves**
- **Bay leaf**
- **Carrot** (chopped)
- **Peas**
- **Salt**
- **Oil or ghee**

Ingredients for Raita:

- **Yogurt**
- **Cucumber** (grated)
- **Cumin powder**
- **Coriander leaves** (chopped)
- **Salt**

Instructions:

1. **Prepare the Pulao:**

   - Heat oil or ghee in a pan, sauté cumin seeds, cardamom, cinnamon, cloves, and bay leaf. Add onions and sauté until golden.
   - Add rice, vegetables, and salt, then cook with water until the rice is tender.

2. **Prepare the Raita:**

   - Mix yogurt, grated cucumber, cumin powder, coriander, and salt.

3. **Serve:**

   - Serve the hot pulao with a side of raita.

Lassi (Mango Yogurt Drink)

Ingredients:

- **Yogurt**
- **Mango pulp** (fresh or canned)
- **Sugar** (optional)
- **Ice cubes**

Instructions:

1. **Blend the Lassi:**

    - In a blender, combine yogurt, mango pulp, sugar, and ice cubes. Blend until smooth.
2. **Serve:**

    - Serve chilled with a sprinkle of cardamom powder if desired.

Khichdi (Rice and Lentil Stew)

Ingredients:

- Rice
- Yellow moong dal (lentils)
- Ginger (grated)
- Turmeric powder
- Cumin seeds
- Coriander powder
- Salt
- Ghee
- Water

Instructions:

1. **Cook the Khichdi:**

    - In a pressure cooker, heat ghee, add cumin seeds and grated ginger. Add rice, dal, and spices. Add water and cook for 2-3 whistles.

2. **Serve:**

    - Serve hot with yogurt or pickle.

www.ingramcontent.com/pod-product-compliance
Lightning Source LLC
LaVergne TN
LVHW081339060526
838201LV00055B/2746